Date Due

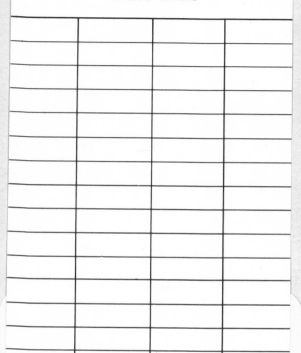

FR
J
574.5   413 ✓✓

Petit, Raymond

Ce monde qui vous nourrit

LON

L'écologie et vous

Titres parus :

Naming the Bones

Claiming the Stones

Published by the Getty Research Institute

Naming the Bones

Cultural
Property
and the
Negotiation
of National
and Ethnic
Identity

Edited by Elazar Barkan and Ronald Bush

Issues & Debates

The Getty Research Institute Publications Program
Thomas Crow, *Director, Getty Research Institute*
Gail Feigenbaum, *Associate Director, Programs*
Julia Bloomfield, *Head, Publications Program*

Issues & Debates
Julia Bloomfield, Michael S. Roth, and Salvatore Settis, *Publications Committee*

Claiming the Stones/Naming the Bones:
Cultural Property and the Negotiation of National and Ethnic Identity
Edited by Elazar Barkan and Ronald Bush
Michelle Ghaffari, *Manuscript Editor*

This volume, the tenth in the series Issues & Debates, evolved from "Claiming the
Stones/Naming the Bones: Cultural Property and the Negotiation of National and Ethnic
Identity in the American and British Experience," a symposium cosponsored by the Drue
Heinz Center for American Literature of Oxford University and the Getty Research Institute
and held at Saint John's College, Oxford, 19–21 April 1998

Published by the Getty Research Institute, Los Angeles
Getty Publications
1200 Getty Center Drive, Suite 500
Los Angeles, CA 90049-1682
www.getty.edu
© 2002 The J. Paul Getty Trust
Printed in Canada

06 05 04 03 02   5 4 3 2 1

Cover: *Window Display of Statuary, Compton* (mirror-image detail), ca. 10 March 1933,
postcard (Austin Studio L. B., no. 102), 8.6 x 13.8 cm (3⅜ × 5⅜ in.). Los Angeles, Getty
Research Institute, Research Library, acc. no. 89.R.46 (box 10, s.v. "Disasters, Earthquakes")
Frontispiece: *Acropolis from Philopappus Hill* (detail), ca. 1865, albumen print, 14 x 20.3 cm
(5½ × 8 in.). Los Angeles, Getty Research Institute, Research Library, acc. no. 92.R.84
(box 2, no. 04.01.04)

Library of Congress Cataloging-in-Publication Data
Claiming the stones / naming the bones : cultural property and the negotiation of national
and ethnic identity / edited by Elazar Barkan and Ronald Bush.
    p. cm.— (Issues & debates)
  Includes bibliographical references and index.
  ISBN 0-89236-673-7
  1. Cultural property. 2. Cultural property—Repatriation. 3. Intellectual property.
4. Intellectual property—Moral and ethical aspects. 5. Group identity. 6. Ethnicity.
I. Barkan, Elazar. II. Bush, Ronald. III. Series.
CC135 .C48 2002
341.7′67—dc21

2002009138

Contents

Raymond Petit

Ce monde
qui vous nourrit

LES ÉDITIONS ÉCOLE ACTIVE / ÉDITIONS GAMMA
2244, RUE ROUEN, MONTRÉAL 133, P.Q.

SOMMAIRE

L'édition originale de cet ouvrage
a paru sous le titre : *The food we eat*
Copyright © illustrations 1975 by
Macdonald Educational Ltd, London

Adaptation française par Raymond Petit
Copyright © texte 1977 by
Les Éditions École Active, Montréal
Dépôt légal, Ottawa, 4e trimestre 1977
Dépôt légal, Bibliothèque Nationale,
Montréal, 4e trimestre 1977
Cette édition ne peut être vendue
qu'au Canada

ISBN 0-88517-292-2
ISBN 2-7130-0254-0
(édition originale : ISBN 0 356 05174 9)

Imprimé en Italie

BON APPÉTIT!

Faire un bon repas est une des joies de la vie. Surtout si les plats nous apportent nos mets favoris. Certains aiment les douceurs, les aliments sucrés, comme la crème glacée ou les pâtisseries. D'autres préfèrent déguster des viandes tendres, d'autres encore apprécient surtout les bons fromages. Mais les goûts varient d'un point à l'autre du globe, et il y a des pays où on a une prédilection pour la viande ou le poisson crus.

Le fait d'avoir envie de manger à la vue d'un plat, à son fumet, ou à la simple évocation de son nom, est un indice que notre corps est en parfait état de fonctionnement. Notre alimentation joue en effet un rôle très important dans notre vie quotidienne. Plus exactement, ce rôle est triple.

Tout d'abord, elle nous fournit de l'*énergie,* qui nous permet de nous déplacer et de grandir, et assure le fonctionnement de nos organes. Mais l'apport d'énergie ne suffit pas, il nous faut aussi un approvisionnement régulier en *substances chimiques,* dont une part est

utilisée à réparer les parties du corps qui se détruisent, une autre à assurer notre croissance, une dernière partie destinée aux besoins propres du fonctionnement des organes de notre corps.

Les aliments qui fournissent l'énergie sont les *glucides,* ou hydrates de carbone, et les *lipides* ou matières grasses. Le sucre et les aliments riches en amidon, comme le pain et les pommes de terre, renferment surtout des glucides. Comme 1 g de lipides correspond à 9 kilocalories et que la même quantité de glucides renferme 4 kilocalories, on voit que ce sont les matières grasses qui nous apportent le plus de calories, le plus d'énergie.

Les aliments qui contribuent à construire notre corps sont les *protides.* Ils apportent peu d'énergie, 3 kilocalories par gramme, mais on y trouve de l'azote, un élément indispensable. Le lait, la viande et les fromages nous apportent des protides.

Il nous faut aussi des *vitamines,* qui permettent le bon déroulement des nombreuses réactions chimiques qui se produisent en nous.

Tout ce qui vit exige de la nourriture. Les végétaux peuvent la fabriquer eux-mêmes, les animaux en sont incapables. Ils doivent manger des plantes, ou des animaux qui ont eux-mêmes mangé des végétaux. Donc, toute la nourriture du monde provient en dernière analyse des plantes.

Les plantes vertes, grâce à leur *chlorophylle*, peuvent capter l'énergie du Soleil. La chlorophylle, qui colore les feuilles en vert, agit sur le dioxyde de carbone de l'air et l'eau du sol, et en fait le plus simple des glucides, le *glucose*. Avec lui, la plante fabrique des glucides

divers, dont l'amidon est le plus intéressant. L'amidon contient donc de l'énergie, qui vient du Soleil. Dans nos dessins, l'énergie est représentée par des petits points rouges. La tourte aux pommes contient de l'énergie sous forme de farine (amidon), de sucre et de la pulpe des fruits.

Cette énergie est transmise à l'animal qui mange la plante, un *herbivore.* Un *carnivore* peut ensuite dévorer l'herbivore. A chaque transfert d'énergie, il y a des pertes, puisque tout n'est pas comestible dans une plante ou dans un animal, et que celle qui a servi à les faire grandir n'est plus disponible.

La série plante → herbivore → carnivore est appelée une *chaîne alimentaire* ou une chaîne trophique.

Cette chaîne peut être représentée par une pyramide. Les végétaux occupent la base de cette figure, parce que ce sont eux qui emmagasinent l'énergie. Immédiatement au-dessus d'eux, nous trouvons les herbivores, eux-mêmes surmontés par les carnivores.

La couche inférieure, celle des plantes, est beaucoup plus étendue que les autres, parce qu'il faut beaucoup de végétaux pour capter l'énergie solaire. Le rendement de cette opération est très faible ; pour 1 000 calories quittant le Soleil, on en retrouve 5 dans une plante. Et les herbivores n'en remettront que 0,5 au carnivore qui les dévorera. Le rendement global est donc très bas : 0,05 % !

Les hommes, qui mangent des plantes et de la viande, sont eux aussi intégrés dans une chaîne alimentaire. Ils dépendent donc des végétaux, qui captent l'énergie solaire pour eux et pour d'autres animaux.

Le schéma ci-dessous vous montre une pyramide, où l'herbe pousse grâce au Soleil. Les moutons et le bétail mangent cette herbe, et les hommes mangent des gigots de mouton ou des steaks de bœuf.

S'ils consomment avec ces viandes des pommes de terre qui fournissent des glucides, et des légumes ou des fruits qui apportent des vitamines, ils auront fait un repas complet. Un repas complet contient à la fois de l'énergie, des éléments de construction du corps et des vitamines qui en permettent l'assemblage.

Les aliments énergétiques et de construction doivent nous être fournis en grande quantité : il nous en faut plusieurs kilos par jour. Il en va tout autrement pour les vitamines : quelques milligrammes, voire quelques microgrammes — des millionièmes de gramme — par jour suffisent à contrôler les mécanismes qui assurent notre vie.

LE JARDIN GARDE-MANGER

Les hommes, au cours de leur histoire, n'ont pas toujours consommé les mêmes aliments. Ainsi, les hommes de la préhistoire, des nomades qui vivaient surtout de la chasse, ne cultivaient aucune plante : leur alimentation était donc basée sur la viande et le poisson, sur les fruits, les herbes et les racines qu'ils ramassaient. Ces hommes primitifs ne modifiaient pas profondément leur environnement.

. Plus tard, les hommes apprirent à cultiver certaines plantes, celles qui les intéressaient uniquement, dans le but de se nourrir. Ils domestiquèrent des animaux sauvages : les moutons, les chèvres et le bétail. La mise en culture des plantes et la domestication impliquent automatiquement que les hommes ont cessé d'être des nomades, ils se sont établis, ils sont devenus sédentaires, ils ont bâti des fermes où ils pouvaient vivre toute l'année. Cette transformation profonde dans leur genre de vie se produisit dans les pays de l'est du bassin méditerranéen.

Lorsque les hommes devinrent des agriculteurs, ils commencèrent à bouleverser leur environnement. Ils emmenèrent des animaux vers des pays neufs, et ils semèrent des céréales — du blé et de l'orge — dans des endroits vierges. Ce changement fut lent à s'établir. Jusqu'en 1500 environ, la culture fournissait des vivres principalement aux fermiers : ces hommes faisaient pousser des plantes pour leur seul usage, et le surplus éventuel était revendu ou servait à payer les taxes.

En 1500, il n'y avait quasiment pas de magasins d'alimentation. Les gens les plus pauvres mangeaient rarement autre chose que ce qui poussait à la campagne autour de leur maison.

Les gens plus riches pouvaient se permettre d'acheter leurs aliments, dont une faible partie provenait de l'étranger. L'illustration de cette page vous montre ce que mangeaient les hommes vers 1500.

Pratiquement, tout venait du jardin, qui était un véritable garde-manger vivant. Les moutons fournissaient la laine pour se vêtir et la viande fraîche. Les oies et les poules donnaient des œufs, et il arrivait de tuer les oies à certaines occasions, à la Noël par exemple.

Les champs voisins fournissaient le blé et l'avoine, qu'on transformait en farine, puis en pain. Le jardin donnait aussi des légumes : carottes, navets, choux et pois, ainsi que des fines herbes pour donner du goût aux plats. Les ruches étaient la source du miel, qui tenait lieu de sucre; le verger fournissait les fruits en été et à l'automne.

LES TEMPS CHANGENT

L'alimentation journalière, vers 1500, ressemblait peu à celle que nous avons aujourd'hui. Les aliments changeaient selon la saison. Les menus variaient aussi très fortement selon la situation sociale des hommes : le riche avait le choix entre plusieurs mets différents chaque jour; le pauvre mangeait ce qui s'offrait et son choix était très limité.

Les régimes alimentaires eux-mêmes étaient très différents, à cette époque, de ce qu'ils sont maintenant. Il n'y avait pas de pommes de terre, qui furent amenées d'Amérique en Espagne vers 1535. Les gens mangeaient des panais, des navets et des choux-navets au lieu de pommes de terre. Il y avait aussi des choux, mais seuls les pauvres gens en mangeaient, en les partageant avec le bétail. On prenait du poisson dans les rivières et dans la mer, et quelques coquillages venaient donner un peu de variété sur les tables.

Le pain blanc était inconnu à cette époque : on consommait du pain gris, fait avec de la farine non blutée. On ne mangeait pas souvent de la viande, parce que les pauvres gens ne pouvaient pas se permettre de tuer les moutons qui leur fournissaient la laine, ou les poules qui leur donnaient des œufs.

Le nombre d'animaux domestiques qu'on possédait était limité par la superficie du terrain qu'on avait, dès lors les pauvres ne détenaient jamais de gros bétail. En revanche, ils élevaient des oies qui mangent de l'herbe, qui pondent des œufs, et qui sont plus petites et plus aisées à élever que des moutons ou des vaches.

La nourriture était plus abondante en été. A la belle saison, les gens mangeaient beaucoup plus de plantes sauvages que nous n'en consommons aujourd'hui. A part les légumes d'été, comme les concombres et les laitues, les pauvres gens se nourrissaient de la salicorne, des algues, des consoudes et d'autres plantes vertes. Les fruits d'été, comme les framboises, les cerises et les pommes étaient cueillis et mangés par les riches et les pauvres. On ramassait aussi beaucoup de champignons sauvages, qu'on consommait crus ou cuits, ou qu'on séchait pour l'hiver.

De nos jours, il y a peu de différence entre les menus de l'été et ceux de l'hiver. En été, les vaches donnent généralement plus de lait, et les poules pondent davantage d'œufs, mais dans les villes, la seule différence se marque dans le prix des œufs, qui sont un peu moins chers qu'en hiver.

Un simple coup d'œil sur les illustrations de ces deux pages vous montrera à quel point la nourriture a changé depuis 1500.

Il y a des modifications non seulement dans la variété et dans l'abondance de chaque aliment, dans sa présentation commerciale, et dans son origine, puisque de nombreux articles figurant sur cette page ne proviennent pas de notre pays.

Comparez les viandes sur ces deux pages : vers 1500, il y avait un peu de viande de mouton, des poissons et des oies, mais plus souvent des œufs. Voyez alors ci-contre la variété des viandes différentes qui s'offrent à nous aujourd'hui. Et encore, nous ne vous les montrons pas toutes, ni sous toutes leurs présentations!

En comparant les aliments qu'on mangeait en hiver vers 1500, avec ceux que nous consommons maintenant, nous comprendrons à quel point nous avons modifié le monde. En 1500, les hommes devaient se contenter de ce qu'ils avaient pu mettre en réserve à la belle saison.

Les jours sont courts en hiver, et le Soleil ne se montre pas souvent. Les plantes arrêtent leur croissance et les arbres perdent leurs feuilles. Il fait froid et sombre. Comme les plantes manquent, il devient difficile de nourrir les animaux domestiques. Anciennement, on tuait de nombreux animaux en automne, de manière à pouvoir disposer d'une quantité suffisante de nourriture pour alimenter ceux qu'on gardait. Une

partie de la viande était consommée immédiatement, mais la plus grande partie était salée, séchée ou fumée en vue d'assurer sa conservation.

Les poissons qu'on pêchait étaient mis dans des tonneaux, avec du sel, ce qui ralentissait leur pourriture. On pouvait aussi les sécher et les fumer, comme on le faisait avec la viande.

Quant aux fruits et aux légumes, on pouvait en sécher quelques-uns, et on pouvait les remiser dans des endroits frais pour qu'ils se conservent plus longtemps.

Les quelques vaches qu'on laissait vivre étaient nourries de choux et de navets pendant l'hiver. Durant cette saison, elles ne fournissaient pas beaucoup de lait, et on n'en tirait donc que peu de beurre, qui était une marchandise rare et chère. Les oies et les poules donnaient quelques œufs.

Beaucoup de fruits étaient mis à sécher, ou bien ils étaient cuits avec du sucre, ce qui leur assurait une conservation de plusieurs mois. On les consommait les jours de fête uniquement, et non pas tous les jours. Certains légumes, comme les oignons et les cornichons, étaient conservés dans le vinaigre. On séchait des champignons, qui servaient à relever la saveur des ragoûts.

Dès le début du printemps, les gens se mettaient en quête de nourriture. Ils mangeaient alors des jeunes pousses d'orties à peine sorties de terre. La fin de l'hiver était la bienvenue, parce que le temps s'améliorait et que la nourriture devenait plus abondante.

Aujourd'hui, nous avons autant à manger en février qu'en août.

Si vous comparez les illustrations de la page 13 avec celles de cette page-ci, vous verrez que notre nourriture d'hiver est quasiment identique à celle que nous mangeons en été, mais si vous revenez à la page 12, vous verrez à quel point les aliments de l'été étaient plus abondants, en 1500, que ceux de l'hiver, page 14.

Il y a près de 500 ans, les hommes mangeaient donc à leur faim en été, mais en hiver, il y avait souvent des famines et des maladies. En effet, il n'y a pas que l'abondance des aliments qui compte, il y aussi leur variété et leur fraîcheur. La variété apporte plus sûrement les diverses catégories d'aliments qu'il nous faut, ainsi que les sels minéraux et les vitamines.

ALIMENTS CONSERVÉS

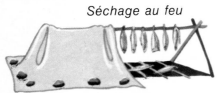

Séchage au soleil

Séchage au feu

Fumage   Stockage au froid

Saumure

La plus grande découverte qui a rendu possible un changement profond de nos habitudes alimentaires, est qu'on peut empêcher la nourriture de pourrir. Grâce à cette découverte, un aliment récolté un été peut être mangé quatre ou cinq ans plus tard.

Les hommes ont toujours su comment conserver leurs aliments pendant un certain temps. Ce sont probablement des chasseurs préhistoriques qui ont découvert par hasard que la viande se conservait si on la séchait au Soleil. Nos chercheurs ont appris pourquoi il en va ainsi : c'est parce que l'eau contenue dans l'aliment est partie. La grande majorité des végétaux et des animaux qui abîment la nourriture ont besoin d'eau, et si elle n'en contient pas assez, elle sera à l'abri de la destruction.

Les animaux et les végétaux qui rendent la nourriture immangeable sont en réalité des *décomposeurs* — larves d'insectes, bactéries, moisissures — très utiles. Normalement, ce sont les décomposeurs qui provoquent la putréfaction des feuilles tombées des arbres et des cadavres d'animaux, et ils jouent ainsi un rôle capital dans les cycles naturels, puisqu'ils restituent au sol des matières indispensables à la bonne croissance des plantes. Mais il faut bloquer ce cycle de décomposition naturelle si on veut conserver la nourriture.

En 1500, l'eau était retirée par la chaleur, soit en provenance du Soleil, soit d'un feu. On découvrit aussi que la fumée provenant de certains bois, assurait également une bonne conservation.

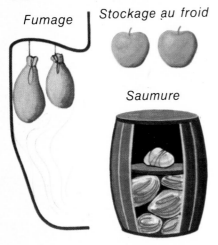

Salage

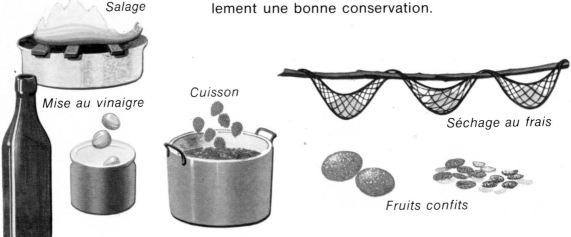

Mise au vinaigre   Cuisson

Séchage au frais

Fruits confits

Le fumage donne un goût particulier : on fuma dès lors certaines viandes et certains poissons, ainsi que des fromages.

La viande pouvait donc être séchée et fumée, mais on pouvait aussi la mettre en conserve dans la saumure, une solution de sel dans de l'eau. Le sel empêche les bactéries de se développer dans la viande, mais il en change également le goût. On se mit aussi à envelopper la viande dans de la pâte, et on cuisait le tout en vue d'une longue conservation.

Quant aux fruits, ils peuvent être cuits dans le sucre et confits, ou conservés dans l'alcool. Les boissons alcoolisées, comme la bière et le vin, se défendent d'elles-mêmes contre de nombreux décomposeurs parce que l'alcool les tue.

Vers 1790, le Français Appert remarqua que les fruits, les légumes et la viande se conservaient très bien si on les faisait bouillir dans un bocal de verre, fermé ensuite hermétiquement. Trente ans plus tard, les aliments étaient mis en conserve dans des boîtes en fer-blanc, moins fragiles que le verre.

Les chercheurs ont réussi à empêcher la putréfaction d'une autre manière, en rendant l'eau inutilisable. La congélation transforme l'eau en glace, et bloque les mécanismes chimiques de la décomposition. Les aliments surgelés peuvent être conservés longtemps, pourvu qu'on les garde gelés en permanence. Depuis peu, des aliments sont déshydratés (desséchés) et amenés à très basse température sous vide : c'est la lyophilisation, qui permet la conservation à température ordinaire. Une déshydratation rapide et à haute température du lait, du café et du thé donnent des poudres qui peuvent être consommées longtemps après leur fabrication.

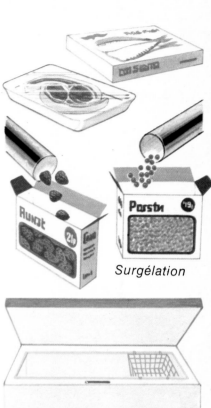

Surgélation

Déshydratation à chaud

Conserves

LES PETITES BOUTIQUES

Donc, c'est après 1500 que la vie commença à changer. Les techniques agricoles s'améliorèrent, et les fermiers produisirent plus de nourriture qu'ils n'en consommaient. Les activités des hommes se diversifiaient, de nouveaux métiers apparaissaient. Il y avait plus d'artisans et de commerçants, qui vivaient près de leur clientèle, donc dans les villes; par conséquent ils ne produisaient pas leur nourriture. Les fermiers envoyaient leur production aux marchés citadins. Mais comme les villes devenaient plus peuplées, des commerçants avisés se mirent à vendre les produits de la ferme.

Les marchés existaient toujours, et on y trouvait toujours les produits frais de la ferme. Mais il était plus facile d'acheter ses victuailles dans un magasin, parce qu'il était ouvert en dehors des jours et heures de marché. En effet, le marché ne se tient qu'un certain jour, pendant quelques heures, dans une ville ou dans un village, parce que les fermiers de la campagne environnante doivent aller vendre leur production dans plusieurs villes : ils sont donc obligés d'établir un roulement dans leurs livraisons. Le boutiquier, au contraire, est ouvert en permanence.

Les fruits et les légumes étaient en vente chez le verdurier. La viande et la charcuterie venaient de chez le boucher, le poissonnier fournissait le poisson et les fruits de mer. Les aliments en conserve, les confitures, les sucres, le thé et le café et toutes les denrées importées, telles les épices, étaient vendues chez l'épicier.

A l'exception de l'épicier, chacun de ces commerçants devait acheter ses marchandises au marché matinal, en gros. Ils ne pouvaient pas conserver longtemps ces denrées périssables, parce qu'à cette époque les magasins ne disposaient pas de réfrigérateurs. Les négociants achetaient donc exactement ce qu'ils pouvaient vendre en un jour. Une partie de la nourriture invendue était vendue moins cher le lendemain puisqu'elle était défraîchie.

Ainsi, les citadins ne produisaient plus leur propre nourriture; ils se contentaient de faire leurs courses, qu'ils payaient avec l'argent qu'ils gagnaient en faisant un autre travail.

Notre illustration montre le centre commercial d'une ville européenne au XIXᵉ siècle. A gauche, le marché où les paysans vendaient les produits de la ferme. A droite, les boutiques : le boucher et le poissonnier disposaient d'un étal ouvert sur la rue, qu'on fermait le soir par une grille ou un volet. Le verre était très cher, les grandes vitrines n'existaient pas. Le quincaillier, au centre, a deux vitrines, ce qui était un luxe pour l'époque.

PLUS DE BOUCHES
A NOURRIR

Les nouvelles techniques agricoles, qui produisaient des récoltes plus abondantes, permettaient de nourrir plus de gens sur la Terre. On estime qu'en 1500, la population mondiale était de 400 millions environ; aujourd'hui, il y a autant d'habitants dans la seule Europe. Entre 1500 et 1977, la population globale est passée de 400 millions à 4 milliards d'individus, elle a donc décuplé en moins de 500 ans.

Cet accroissement de la population mondiale a été rendu possible par une modification complète de certaines parties du globe. Les hommes ont rasé des forêts, ils ont défriché, ils ont labouré le sol, et les arbres ont ainsi fait place aux champs.

En faisant cela, ils ont profondément modifié les modes de vie des plantes et des animaux. Les conséquences de cette action sont graves: certaines plantes et certains animaux sont maintenant éteints parce que leurs biotopes ont été conquis et transformés dans le seul but de faire pousser des plantes vivrières. Là où il y avait plusieurs centaines de végétaux différents, on ne trouve plus qu'un vaste champ peuplé d'une seule espèce végétale, qui se retrouve à des dizaines de kilomètres à la ronde, c'est la *monoculture*.

On a aussi déplacé des plantes d'un coin à l'autre du monde. Dans leurs tentatives d'améliorer la production végétale, les hommes ont

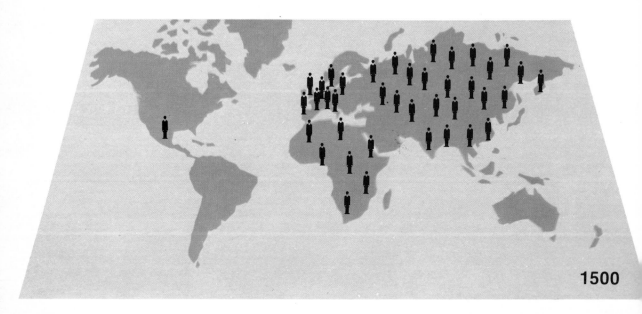

1500

fait des expériences sur diverses plantes, surtout sur les céréales. On a même créé des espèces nouvelles, comme le triticale, un croisement de blé et de seigle riche en protides, et on a sélectionné une variété de riz à longue tige, plus aisé à récolter. Ces deux découvertes sont à mettre à l'actif des agronomes.

Mais les chimistes ne sont pas restés inactifs : ils ont produit des engrais qui permettaient de cultiver des plantes dans des sols pauvres, des fongicides qui détruisaient les moisissures, et des insecticides qui empoisonnaient les animaux qui mangeaient la nourriture destinée aux hommes.

Les biologistes ont également mis la main à la pâte : ils ont sélectionné les animaux domestiques, et leur action sur le bétail a produit des bovins qui produisent plus de lait et plus de viande.

Tous ces changements ont eu un effet sur les cycles naturels du globe. Avant que les hommes ne se mettent à produire des aliments sur une aussi grande échelle, le monde était en équilibre : il a survécu pendant des millions et des millions d'années, parce que les cycles naturels assuraient un *recyclage* — une remise en circulation — des matières. La quasi-totalité de la matière était sans cesse transmise du monde minéral au monde vivant et inversement et il n'y avait aucune barrière entre les deux règnes. Mais les hommes ont changé cela, ils ont perturbé les cycles naturels, et ils sont en train de gaspiller des matières précieuses.

Comparez les deux illustrations ci-dessous, où chaque silhouette représente 10 millions d'hommes, et vous comprendrez pourquoi il a fallu augmenter la production de nourriture par tous les moyens.

1977

DU MONDE ENTIER

En Europe, en Amérique du Nord et dans quelques rares autres endroits du monde, il y a assez de nourriture pour le moment. La nourriture est produite sur place par les agriculteurs, et on en importe de l'étranger. Ainsi, les vivres du monde entier se retrouvent dans nos villes surpeuplées.

La situation a bien changé depuis quelques années : aujourd'hui, la nourriture n'est plus que très rarement vendue dans des petits magasins spécialisés, les supermarchés vendent tous les aliments. On y trouve les rayons de fruits et légumes, la boucherie, la poissonnerie, la crémerie et l'épicerie sous un seul toit.

Contrairement à ce qui se passait anciennement, les supermarchés n'achètent pas leurs marchandises au jour le jour : ils disposent de techniques modernes très variées qui leur permettent de conserver la nourriture pendant plusieurs jours au moins ; même pour les denrées très périssables, il existe de nos jours des moyens de conservation prolongée.

Les supermarchés ont des chambres frigorifiques très vastes qui leur permettent de conserver des aliments surgelés dans des boîtes en carton paraffiné, du poisson et de la viande en grands morceaux surgelés. Dans ces chambres froides, une température de − 30°C assure une longue conservation des aliments à l'abri des décomposeurs. Les supermarchés peuvent ainsi stocker de la nourriture pour plus d'une semaine, voire pour plusieurs mois.

Grâce aux transports rapides en avion, en bateau, en train et en camion, les aliments provenant du monde entier sont amenés sur les rayons des supermarchés en un minimum de temps et dans un état de fraîcheur excellent.

Si un consommateur désire manger des poires ou des pêches au printemps, il pourra obtenir ces fruits, amenés de l'autre côté de la Terre à grands frais. Comme les saisons sont inversées dans les deux hémisphères de la planète, le printemps correspond à l'automne dans l'hémisphère austral, c'est-à-dire au moment où les fruits sont mûrs là-bas. Notre client pourra aussi manger des fruits mis en boîte et stockés jusqu'à leur vente dans les entrepôts des supermarchés.

Notre illustration vous montre une partie d'un supermarché ordinaire. Nous allons y faire un tour pour voir d'où viennent les marchandises qui y sont exposées.

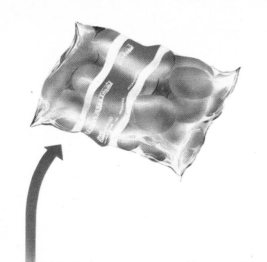

Une partie des articles qu'on trouve dans ce supermarché vient de la campagne qui entoure la ville. Dans ce cas, le commerce ressemble très fort à ce qui se faisait anciennement. Le fermier envoie sa récolte à un endroit où elle est lavée, emballée dans des boîtes, des sachets ou des bouteilles, avant d'être convoyée vers le supermarché.

Les pommes de terre, les légumes, les fruits, le lait, les œufs et le pain sont généralement produits à proximité de la ville où on les vend, ce qui écourte le délai de livraison. Mais tous les fermiers ne produisent pas tous ces aliments, ils sont spécialisés. Certains ne vendent que du lait et ses dérivés, le beurre et le fromage; d'autres, les maraîchers, ne produisent que des légumes. D'autres encore font pousser du blé, avec lequel on fera de la farine, puis du pain, des biscuits ou de la pâtisserie. Les aviculteurs sont des éleveurs de volaille, donc des producteurs d'œufs également.

De nos jours, les fermiers ne peuvent plus se permettre de faire pousser une petite quantité de nombreuses plantes différentes, comme ils le faisaient en 1500, parce que leur rendement serait catastrophique; seule la spécialisation leur permet de bien gagner leur vie.

Dans certains pays, les fermiers ont des champs assez vastes contenant un seul type de plante, pour nourrir tous les habitants. Dans d'autres pays, de superficie limitée et à densité de population élevée, les champs sont de petite surface et il faut importer une grande part de la nourriture.

Le matériel agricole nécessaire à la collecte de chaque type de nourriture coûte cher et s'abîme vite : le fermier ne peut donc se permettre l'achat d'un matériel très diversifié. Ainsi, le propriétaire d'une étable possède des machines à traire les vaches, et souvent aussi des appareils qui empêchent les bactéries de gâter le lait, ainsi que des barattes qui produisent le beurre. L'agriculteur qui cultive des céréales possède des machines qui peuvent, selon les besoins, labourer, semer, moissonner, battre les épis ou pulvériser des insecticides. Le maraîcher dispose de machines qui sèment les graines et qui récoltent certaines plantes.

Toutes ces machines fonctionnent grâce à un carburant, de l'essence ou du gasoil. Les fermiers obtiennent de ces mécaniques une aide précieuse, mais leurs moteurs sont parfois gourmands, et l'agriculture consomme beaucoup de précieux carburants. Les aliments contiennent l'énergie solaire captée par les végétaux, quelques jours avant la récolte, et le carburant contient l'énergie du Soleil captée par les plantes qui ont contribué à former le pétrole il y a des millions d'années. Toute l'opération dépend donc, directement ou indirectement du Soleil, mais le pétrole n'est pas inépuisable et les fermiers dépensent souvent une grande quantité de carburant pour récolter une petite quantité d'énergie solaire contenue dans les aliments.

Aux carburants consommés par la culture et la récolte, il faut encore ajouter ceux exigés par le transport vers le magasin. Heureusement, si le supermarché est situé à faible distance des fermes, le transport d'un kilo de marchandise absorbe peu de gasoil, parce qu'il se fait dans des gros camions.

Au cours de leurs tentatives de fournir le plus de nourriture possible aux nombreux habitants des grandes villes, les fermiers ont été amenés à modifier complètement le mode de vie habituel de certains animaux.

Les vaches se mettent à produire du lait après qu'elles aient eu un veau. Le veau consomme une partie du lait, et les hommes prennent le reste. En 1500, si la vache avait vêlé au printemps, elle avait beaucoup d'herbe à sa disposition au cours des chauds mois de l'été. Elle produisait alors une grande quantité de lait pour son veau et il en restait beaucoup pour les hommes. Si elle avait son veau en automne, elle n'avait que peu de nourriture durant les mois froids de l'hiver et sa production de lait était en forte baisse.

De nos jours, les hommes programment le vêlage des vaches pour qu'elles produisent une grande quantité de lait. Les vaches sont bien nourries en hiver, et on contrôle soigneusement leur alimentation. Si une vache est une bonne laitière, on lui donne une nourriture abondante. Les vaches qui produisent moins de lait reçoivent moins de nourriture.

Le rendement du bétail est surveillé très attentivement, et dans les grandes étables, un vétérinaire permanent dispense ses soins aux animaux malades; il aide aussi les vaches à mettre bas leurs veaux. Il lui arrive de devoir pratiquer sur certaines vaches une opération, la césarienne, qui consiste à faire sortir le veau par le flanc de la vache, si la mise au monde par la voie naturelle s'avère difficile et que la vie du veau ou de sa mère sont en danger.

En 1500, les poules grattaient le sol des jardins et elles attrapaient ainsi quelques vers de terre ou quelques insectes qui, avec les graines et les déchets de cuisine, constituaient le plus clair de leur nourriture. On en retirait alors peu d'œufs. Les poules ne pondaient même pas un œuf par jour, et elles allaient parfois le pondre dans un coin inaccessible aux hommes. En hiver, à cause du manque de nourriture, la ponte était encore moins abondante.

Aujourd'hui, certaines poules ne voient même plus le monde extérieur de toute leur vie. Elles sont venues au monde dans des couveuses à pétrole, ou dans des incubateurs chauffés électriquement, qui permettent l'éclosion de 50.000 poussins. Ces poussins qui ne connaîtront jamais la chaleur du corps de leur mère, deviendront des poulets, puis des poules capables de pondre des œufs à leur tour.

On les mettra alors dans des cages comme celles qu'on voit ci-dessous. Elles pondront un œuf par jour et elles seront nourries, grâce à l'auge qui se trouve devant leur cage, au moyen d'aliments granulés, au contenu soigneusement dosé. Leurs œufs tomberont sur un plan incliné, et on viendra les ramasser régulièrement. Ces pauvres volailles seront ainsi devenues des machines à pondre.

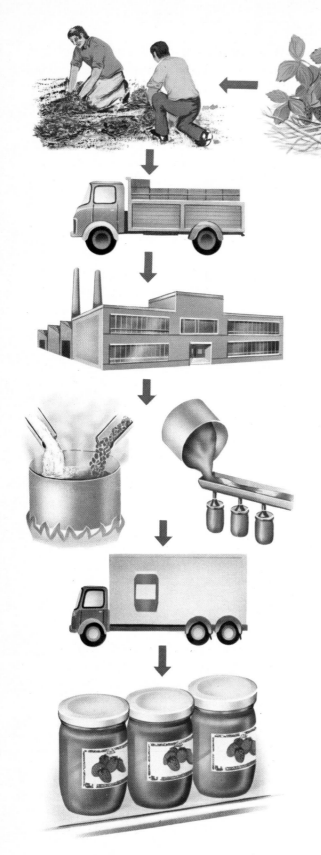

Les fraises, les framboises et les mûres sont des fruits très fragiles, et ils ne se conservent pas longtemps. Anciennement, les fermiers produisaient juste assez de ces fruits pour satisfaire leur propre consommation, soit sous forme de fruits frais, soit pour en faire des confitures ou des gelées; le surplus éventuel était vendu.

Après qu'on eût découvert la mise en conserve dans des bocaux et dans des boîtes métalliques, on vit que ces fruits, quoique périssables, se conservaient très bien ainsi. Plus tard, on remarqua qu'on pouvait également les garder intacts grâce au froid. Les fermiers purent alors vendre une plus grande quantité de fruits, et ils augmentèrent la superficie de leurs champs consacrés à leur production : on vit alors d'énormes cultures de fraisiers, de groseilliers rouges, de cassis, de framboisiers et de groseilliers à maquereau.

La récolte de ces fruits délicats se fait surtout à la main, et les machines automatiques ont un emploi très limité dans ce genre de culture.

Les agriculteurs ont abattu des arbres pour dégager l'espace indispensable à la création de champs où ils pouvaient produire ces fruits. Ils abattirent également des arbres pour créer des prairies pour leurs animaux domestiques.

La viande fraîche des supermarchés vient de la campagne. Les principaux fournisseurs de viande aux citadins sont les moutons, les porcs et les bovins. Comme les moutons et les bovins sont des herbivores, il faut raser une étendue considérable de forêt pour fournir un espace suffisant à ces animaux dont, nous l'avons vu plus haut, le rendement en viande est très faible.

On peut se dire que, une fois rasée, une forêt peut repousser lentement à partir des semences provenant des arbres. Mais ceci ne se réalise jamais, parce que les jeunes pousses tendres de ces arbres sont mangées, comme l'herbe, avant qu'elles ne deviennent très grandes. Ainsi, une forêt qui a fait place à une prairie est définitivement rayée de la carte.

Les bovins sont généralement parqués dans des prairies où l'herbe qui pousse est longue, parce qu'ils ne coupent pas l'herbe avec leurs dents. Les vaches n'ont pas d'incisives à la mâchoire supérieure : à la place de celles-ci, il y a un bourrelet corné. La vache pince la touffe d'herbe entre les incisives de la mâchoire inférieure et ce bourrelet, et sa langue rugueuse la tranche. Les moutons rasent l'herbe beaucoup plus près du sol et là où ils sont passés, les bovins ne trouvent plus rien à manger.

Après le passage des moutons, la terre apparaît pelée, et il lui faut un long repos pour qu'elle prenne à nouveau son aspect de prairie. Le contraste est encore plus saisissant si on se souvient qu'il fut un temps où une épaisse forêt couvrait cette terre, maintenant dénudée.

Si la terre peut produire de la nourriture pour les habitants des villes, la mer le peut aussi. Le poisson est une source très précieuse de protides, c'est donc un aliment important.

Certains poissons vivent dans les rivières et dans les lacs : les truites et les carpes sont très appréciées. Dans certains pays, des pisciculteurs élèvent des truites. Cependant, la plus grande part du poisson qui arrive sur nos tables vient de la mer. On peut distinguer trois catégories de pêcheurs qui nous le ramènent.

Il y a d'abord des hommes qui pêchent quelques heures près des côtes : c'est la pêche côtière. Ils prennent des crevettes et des poissons plats, des plies et des soles, qui vivent dans les eaux peu profondes. Ensuite, il y a des hommes qui s'embarquent pour quelques jours, et qui vont au large, vers les eaux plus profondes : c'est la pêche hauturière. Ils ramènent des harengs, des sardines et des thons, souvent destinés aux conserveries.

La troisième catégorie pratique la grande pêche. Ils partent pour plusieurs mois sur des grands chalutiers, et ils prennent du poisson dans les froides eaux polaires ou dans les mers tropicales, après un voyage de plusieurs milliers de kilomètres. Les poissons qu'ils ramènent dans leurs filets sont immédiatement congelés, en pleine mer, à bord du bateau, qui est une véritable usine flottante. Ces navires nous ramènent les morues, que nous nommons parfois cabillauds. Ce poisson se prête bien à la surgélation, et on en fait des filets et des plats très variés.

Les poissons de la mer pourraient fournir plus de nourriture pour le monde, si la pêche était soigneusement réglementée. Il arrive en effet que certaines campagnes de pêche, menées avec des moyens techniques ultra-modernes, réduisent les bancs de poissons à quelques individus, qui auront du mal à reconstituer la population primitive. On commence à pratiquer l'élevage de poissons de mer, de crevettes et de homards dans des bassins marins : c'est l'aquaculture.

Certains pays peuvent produire assez de nourriture pour leurs habitants. Ce sont généralement des grands pays où la densité de la population n'est pas trop élevée. Mais il y a de nombreuses nations où il n'y a pas assez de place pour faire pousser la récolte indispensable aux gens qui y vivent. Pour nourrir tout ce monde, la nourriture doit en partie être achetée dans les pays de la première catégorie, et il faut l'*importer.* Les pays vendeurs sont alors dits *exportateurs,* et l'import-export est devenu une activité florissante sur les mers du monde depuis quelques années.

En effet, c'est surtout grâce aux bateaux que les aliments sont transportés de par le monde, et dans une moindre mesure par le train. La livraison aux acheteurs peut se faire par des poids lourds, des camions gros porteurs.

Le transport sur de longues distances est très onéreux, et seuls les pays riches, ou ceux que l'on désire aider en cas de famine, peuvent obtenir de la nourriture de l'étranger. Ici aussi, il faut du carburant issu du pétrole pour mettre en mouvement les bateaux, les trains et les camions qui véhiculent les vivres. Notre illustration vous montre un cargo bien chargé : chacun des conteneurs qu'on y voit est grand comme un wagon de chemin de fer.

L'utilisation de conteneurs simplifie et accélère fortement les manœuvres de chargement et de déchargement des navires marchands : le conteneur sort de l'usine ou de l'entrepôt sur un wagon plat ou sur un châssis de camion. Arrivé au port, le conteneur est soulevé par une grue spéciale qui le dépose dans le bateau. Arrivé à destination, il subit la même opération en sens inverse. Le conteneur est donc à la fois un moyen de transport et un emballage étanche à l'humidité et aux rats : son contenu est donc bien protégé durant le voyage.

Tout comme certains fermiers se spécialisent dans la production de certains types d'aliments, certains pays se sont également spécialisés. Ceci vous apparaîtra si vous observez la nourriture mise en vente dans un supermarché : vous verrez que ces aliments proviennent souvent d'un seul pays.

C'est le cas du Danemark. Cette nation s'est spécialisée dans la production du lait et de ses dérivés (beurre et fromages) et dans l'élevage des porcs. Les deux productions sont liées, comme vous le montre cette illustration. Il y a au Danemark beaucoup de vaches, qui donnent une grande quantité de lait. Ce qui reste du lait, après la

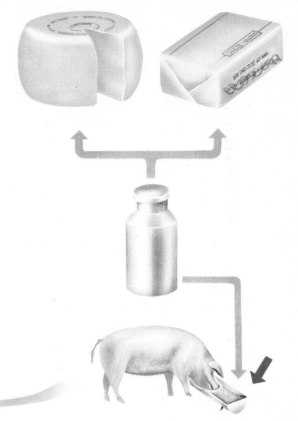

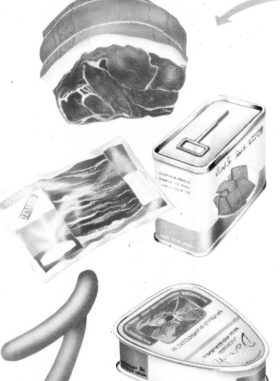

fabrication du beurre et du fromage, sert à nourrir les porcs.

Grâce aux résidus du lait et à d'autres aliments, les porcs grandissent vite et bien. Lorsqu'ils ont atteint la bonne taille, on les abat. Les porcs fournissent une grande variété de produits qui contiennent leur viande. Citons le bacon, le lard, le jambon et d'innombrables sortes de saucisses et de pâtés. La viande elle-même peut être vendue fraîche, fumée, séchée, ou encore elle peut être mise en boîte, sous la forme de jambons ou de viande en hachis.

Le Danemark est aussi un des plus grands exportateurs mondiaux d'insuline, une substance présente dans le pancréas des vaches et des porcs, qui permet aux diabétiques de survivre, si leur propre pancréas ne fonctionne plus normalement.

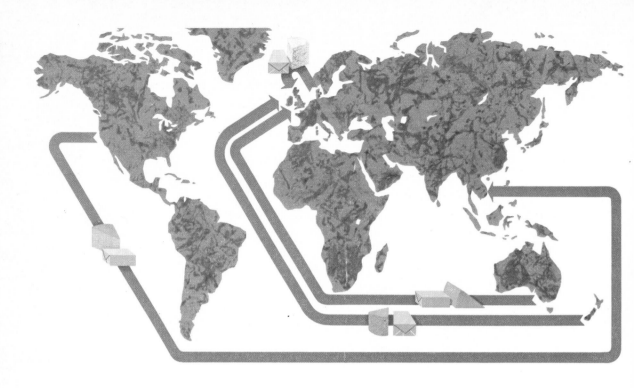

Le Danemark n'est pas le seul pays spécialisé dans les produits laitiers. De nombreux pays européens exportent du fromage, et la Nouvelle-Zélande, ainsi que l'Australie, exportent du beurre et du fromage. A titre d'exemple, nous vous montrons ci-dessus comment ces produits peuvent faire des milliers de kilomètres avant d'être consommés en Europe.

Le beurre et le fromage de Nouvelle-Zélande sont amenés par bateaux aux antipodes de leur point de départ, en Grande-Bretagne. Ce dernier pays, surpeuplé, contraste fortement avec la Nouvelle-Zélande, qui dispose de vastes espaces libres et d'un bétail abondant, puisqu'il y a trois vaches par habitant. La Nouvelle-Zélande est le premier exportateur mondial de beurre.

La demande européenne en beurre et en fromage a changé la vie naturelle dans ces pays de l'autre côté de la Terre. Ce sont les hommes qui ont amené le bétail avec eux en venant d'Europe, et ils ont rasé des forêts pour pouvoir aménager des prairies pour que les vaches puissent y paître.

Nous allons voir comment une décision prise en Grande-Bretagne a bouleversé les écosystèmes forestiers situés à 20.000 kilomètres.

Les hommes ont également amené des moutons en Australie et en Nouvelle-Zélande. Pour eux aussi, il a fallu abattre des forêts entières, pour leur donner des pâtures. Les biotopes où on rencontrait des oiseaux comme les kiwis et les talèves takahé, devinrent de plus en plus limités. A un moment donné, les zoologistes ont cru que la talève takahé était éteinte en Nouvelle-Zélande, jusqu'à la découverte de quelques oiseaux sur l'Ile du Sud. L'espèce est maintenant protégée très sévèrement.

Revenons à nos moutons. Vous savez que ces animaux broutent l'herbe au ras du sol. Il en résulte que la terre perd sa couverture végétale. Le sol dénudé est emporté par la force des pluies, et l'érosion emmène lentement la terre fertile vers la mer.

Comparez les deux dessins ci-dessous : ils représentent le même petit coin de Nouvelle-Zélande, avant et après l'intervention de l'homme. Voyez-vous comment s'installe un futur désert ?

En Australie, les moutons mangent l'herbe qui nourrit les kangourous. Beaucoup de kangourous sont en danger d'extinction, parce qu'ils ont faim.

Toutes ces modifications ont été causées par la demande de viande dans un monde en croissance constante.

Talève takahé

Kiwi

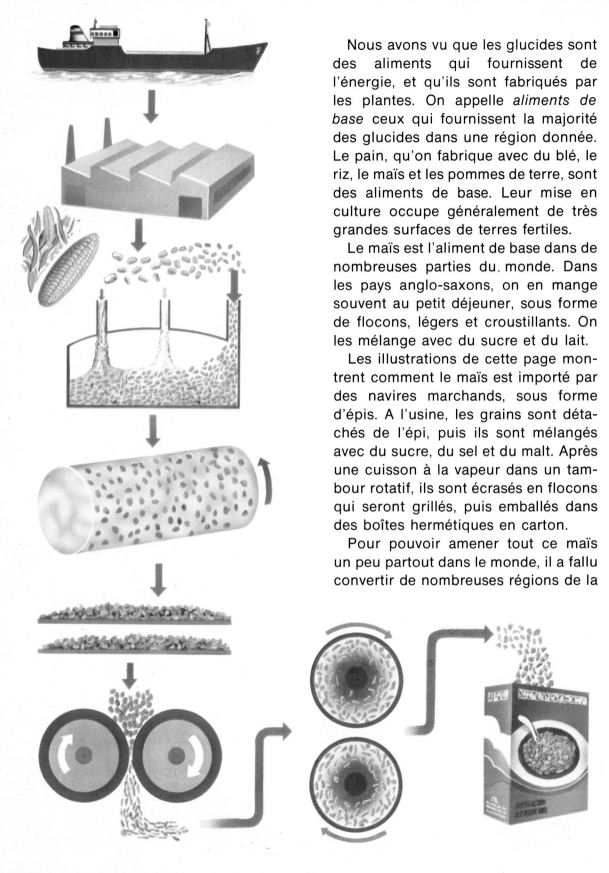

Nous avons vu que les glucides sont des aliments qui fournissent de l'énergie, et qu'ils sont fabriqués par les plantes. On appelle *aliments de base* ceux qui fournissent la majorité des glucides dans une région donnée. Le pain, qu'on fabrique avec du blé, le riz, le maïs et les pommes de terre, sont des aliments de base. Leur mise en culture occupe généralement de très grandes surfaces de terres fertiles.

Le maïs est l'aliment de base dans de nombreuses parties du monde. Dans les pays anglo-saxons, on en mange souvent au petit déjeuner, sous forme de flocons, légers et croustillants. On les mélange avec du sucre et du lait.

Les illustrations de cette page montrent comment le maïs est importé par des navires marchands, sous forme d'épis. A l'usine, les grains sont détachés de l'épi, puis ils sont mélangés avec du sucre, du sel et du malt. Après une cuisson à la vapeur dans un tambour rotatif, ils sont écrasés en flocons qui seront grillés, puis emballés dans des boîtes hermétiques en carton.

Pour pouvoir amener tout ce maïs un peu partout dans le monde, il a fallu convertir de nombreuses régions de la planète en champs de maïs géants. En Amérique du Nord et du Sud, en Afrique, en Asie et en Australie, ainsi que dans certains coins de l'Europe, les agriculteurs ont semé du maïs, en abattant les forêts.

A l'origine, le maïs était cultivé par les Indiens d'Amérique Centrale et d'Amérique du Sud. Les Mayas, qui vivaient au Mexique avant Christophe Colomb, en avaient fait un dieu, parce qu'il leur apportait une nourriture abondante. En partant d'une plante sauvage, portant des épis d'une dizaine de centimètres, ils ont pu obtenir une production plus abondante en le cultivant soigneusement. Les Mayas pratiquaient la jachère, ils laissaient la terre en repos pendant deux à sept ans après une récolte de maïs, et pendant ce temps, la forêt reprenait possession de son territoire.

Le blé est un autre aliment de base qui s'est étendu dans le monde. Il vient de l'Est du bassin méditerranéen, mais on le trouve maintenant en Europe et en Asie et, au-delà de l'Atlantique, aux Amériques. Les grandes prairies de l'Amérique du Nord, où on trouvait jadis une grande masse de bisons et d'antilocapres — les pronghorns — sont devenus depuis une centaine d'années d'immenses champs de blé.

Faut-il préciser que tout ce que nous venons de voir au sujet du maïs et du blé, s'est répété pour les autres aliments de base? Les surfaces agricoles consacrées aux pommes de terre, au riz, aux céréales, sont en extension, au détriment de la forêt ou des autres plantes naturelles.

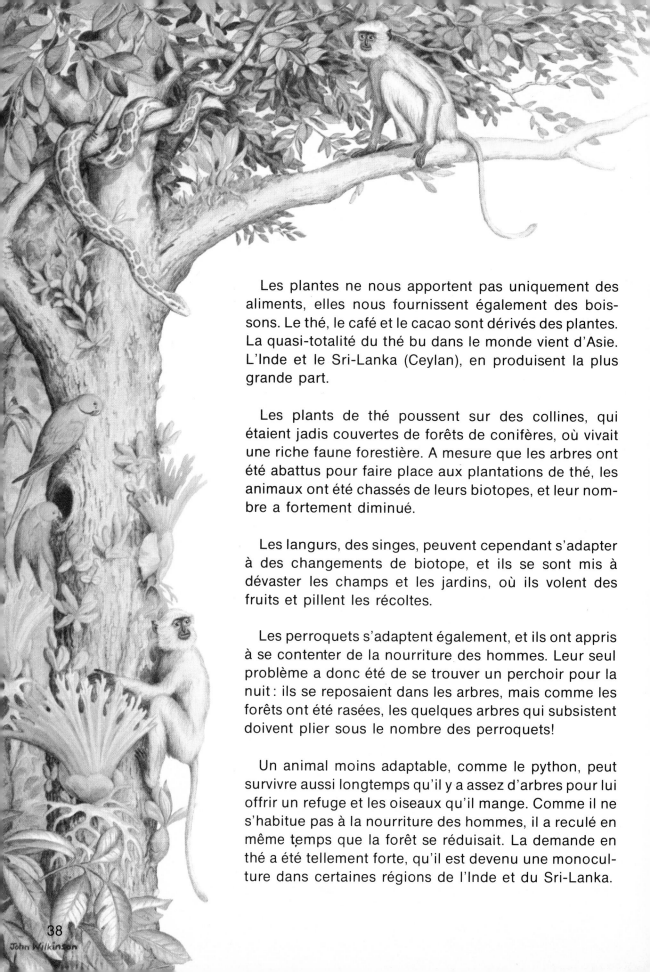

Les plantes ne nous apportent pas uniquement des aliments, elles nous fournissent également des boissons. Le thé, le café et le cacao sont dérivés des plantes. La quasi-totalité du thé bu dans le monde vient d'Asie. L'Inde et le Sri-Lanka (Ceylan), en produisent la plus grande part.

Les plants de thé poussent sur des collines, qui étaient jadis couvertes de forêts de conifères, où vivait une riche faune forestière. A mesure que les arbres ont été abattus pour faire place aux plantations de thé, les animaux ont été chassés de leurs biotopes, et leur nombre a fortement diminué.

Les langurs, des singes, peuvent cependant s'adapter à des changements de biotope, et ils se sont mis à dévaster les champs et les jardins, où ils volent des fruits et pillent les récoltes.

Les perroquets s'adaptent également, et ils ont appris à se contenter de la nourriture des hommes. Leur seul problème a donc été de se trouver un perchoir pour la nuit : ils se reposaient dans les arbres, mais comme les forêts ont été rasées, les quelques arbres qui subsistent doivent plier sous le nombre des perroquets!

Un animal moins adaptable, comme le python, peut survivre aussi longtemps qu'il y a assez d'arbres pour lui offrir un refuge et les oiseaux qu'il mange. Comme il ne s'habitue pas à la nourriture des hommes, il a reculé en même temps que la forêt se réduisait. La demande en thé a été tellement forte, qu'il est devenu une monoculture dans certaines régions de l'Inde et du Sri-Lanka.

John Wilkinson

Les forêts d'Asie ont fait place à ces cultures de thé et à des rizières. Le riz est la nourriture de base en Asie du Sud-Est. On le cultive parfois en terrasses à flanc de colline, là où les plaines manquent. L'illustration de cette page vous montre un aspect de ces cultures : le thé, en arbustes au premier plan, et les rizières en arrière-plan.

Le thé est cultivé dans la partie du monde où il a toujours poussé, mais le café et le cacao proviennent de plantes souvent importées. Le café vient d'Arabie et d'Afrique. Il fut implanté en Inde et en Malaisie avant 1500, et il fut transporté par les Espagnols au-delà de l'Atlantique. De nos jours, les variétés de café les plus appréciées viennent du Brésil, de l'Afrique équatoriale et des Antilles. On boit du café dans le monde entier, ce qui explique sa dissémination dans toutes les régions tropicales du globe.

Le cacaoyer a traversé l'Atlantique en sens inverse : il vient du Mexique ou des Antilles, où il était cultivé par les Indiens Caraïbes. Les Espagnols et les Portugais ont contribué à exploiter le cacao en Afrique et en Amérique du Sud, qui l'exportent aujourd'hui dans le monde entier. On en fait du chocolat, de la confiserie et des biscuits. Le cacaoyer est un arbre qui fournit les fruits, dont on tire le cacao, toute l'année s'il est cultivé, et seulement en décembre s'il est sauvage. La mise en culture a donc modifié le cycle vital de la plante. Elle exige un sol très fertile, et une humidité constante, de l'ombre et de la chaleur : il faut donc aménager tout spécialement les plantations, les cacaoyères.

A l'origine, les bananiers poussaient dans le Sud-Est asiatique. Ils ont également subi, comme bien d'autres plantes, les décisions des hommes. En effet, on les a implantés en Afrique, en Amérique centrale et en Amérique du Sud, ainsi qu'aux Antilles, et on en trouve même en Australie, aux Canaries et dans le bassin méditerranéen.

Non contents d'avoir disséminé les bananiers un peu partout dans le monde, les hommes ont également modifié la plante elle-même. Le fruit du bananier est une baie, comme la tomate ou la groseille. Il y a bien longtemps, la banane renfermait des graines plus volumineuses et un peu d'amidon. Les graines après être tombées sur le sol, germaient en donnant de nouvelles plantes. Mais les hommes ont modifié la banane à un point tel que ses graines ne peuvent plus assurer la reproduction de l'espèce, mais qu'en revanche, la baie est gonflée d'une chair bien sucrée.

Heureusement, certains végétaux peuvent donner des pousses à partir de leurs feuilles, de leurs racines ou de leur tige, et le bananier est dans ce cas, ce qui compense la stérilité des graines. On obtient des nouveaux bananiers à partir des pousses qui surgissent sur les racines des plantes plus âgées et, lorsque les planteurs veulent

revigorer des bananiers épuisés, ils plantent des pousses situées sur des vieilles racines coupées.

Les bananiers poussent bien aux Antilles, sur un sol volcanique fertile, jadis couvert de forêts formées d'une grande variété de plantes différentes. Ces plantes diverses ont été remplacées par une monoculture qui appauvrit les sels minéraux du sol, et qui favorise l'érosion de la terre superficielle par la pluie. La situation est d'autant plus critique que, le bananier étant un arbre des régions tropicales très humides, les averses sont très violentes et la force de la pluie emporte très rapidement la précieuse couche de terre nourricière.

A nouveau, le besoin de nourriture est en train de bouleverser les écosystèmes naturels.

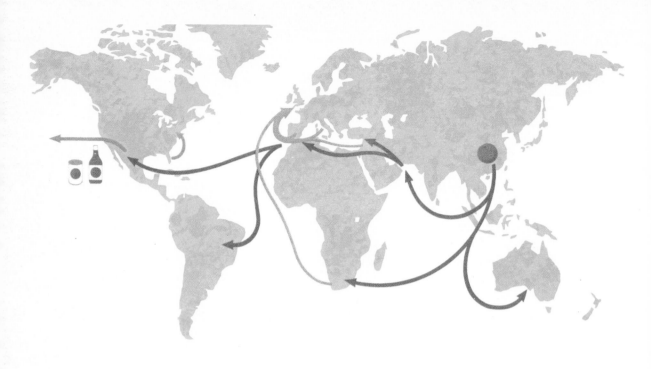

L' oranger trouve son origine en Chine et en Asie du Sud-Est. La carte ci-dessus montre comment l'homme l'a propagé dans les régions chaudes du globe. Les lignes rouges indiquent les trajets historiques de cet arbre, qui parvint en France vers 1550.

L'oranger, qui poussait à l'état sauvage en Chine, est ainsi parvenu en Europe, et il a trouvé un excellent terrain dans le bassin de la Méditerranée. Lorsque les Espagnols traversèrent l'Atlantique en direction de l'Amérique, ils emportèrent des semences, des pépins d'orange avec eux. Ces pépins poussèrent très activement dans le sud des États-Unis et en Amérique Centrale. Il y a maintenant des orangeraies immenses en Floride et en Californie.

Les oranges ne sont pas toutes semblables; il y a des variétés nombreuses, et elles ne sont pas toutes comestibles. Par exemple, si les oranges de Floride et de Californie sont très juteuses — on en fait de l'orangeade et du jus —, celles d'Espagne ne se mangent pas toujours directement: avec la petite orange de Séville, on fait de la marmelade, une sorte de confiture avec des zestes, très appréciée sur les toasts dans les pays anglo-saxons.

Les oranges qui poussent en Afrique du Sud et en Israël sont presque toutes directement comestibles : l'orange israélienne de Jaffa trouve souvent le chemin de nos tables.

Le pays d'origine est souvent indiqué sur les oranges; voyez donc d'où viennent celles qui se trouvent chez vous en ce moment!

Les lignes grises sur la carte montrent quelques trajets d'exportation des oranges et de leurs dérivés, les jus et orangeades, qui sont souvent mélangés avec les jus d'autres fruits, tels les pamplemousses. L'orange était autrefois un fruit très rare, donc très cher, mais il est devenu très populaire de nos jours. Il était naguère de tradition d'en offrir un ou deux à la Noël, et on le considérait comme un cadeau de grande valeur.

L'orange, en plus de son goût agréable, contient de la vitamine C, qui évite une grave affection, le scorbut, et aide à combattre le rhume et la grippe. Comme ces deux dernières maladies sont très fréquentes et très répandues, la demande en oranges est toujours très forte dans le monde entier, durant toute l'année.

L'orangeade qui est achetée dans les supermarchés de votre ville peut avoir été fabriquée en Amérique. Quant au jus d'orange, en bocaux, en boîtes ou en berlingots, il peut provenir aussi bien d'Amérique, ou d'Afrique du Sud, que d'Israël.

Aujourd'hui, les oranges ou les mandarines figurent toujours sur nos tables à la Noël, mais ce n'est plus qu'une tradition, puisque nous en avons en abondance toute l'année. Lorsque nous mangeons une orange à la Noël, souvenons-nous qu'en 1500, les hommes qui se réunissaient autour de la table du réveillon, étaient très heureux d'avoir quelques pommes ou quelques noix desséchées à ce moment de l'année! Actuellement, n'importe quel supermarché vous offre des oranges provenant de trois ou quatre pays différents, qu'on vend souvent par caisses entières.

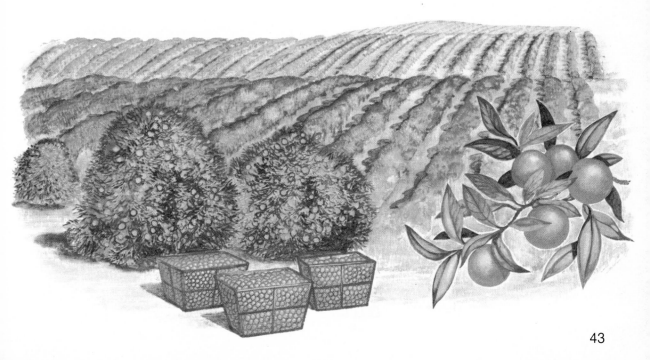

UN MONDE NOUVEAU

Nous l'avons vu à plusieurs reprises, l'homme n'hésite pas à modifier complètement les écosystèmes pour satisfaire les besoins nutritifs de ses semblables. La carte ci-contre montre comment certaines plantes ont voyagé à travers le monde. Nous n'en avons figuré que quelques-unes : si nous les avions toutes indiquées, cette carte montrerait un tel enchevêtrement de lignes qu'on ne s'y retrouverait plus.

Lorsque les hommes arrivaient dans une région qui convenait à leur établissement, la première chose qu'ils faisaient était de raser les forêts et de planter des semences de plantes vivriè-

res. La variété des arbres et des plantes des forêts était détruite et remplacée par quelques autres plantes étrangères.

En agissant ainsi, les hommes se créaient des problèmes. En voici un exemple : dans toutes les forêts, il y a des animaux parasites. En général, tel parasite se nourrit de telle plante particulière, et comme cette dernière n'est pas toujours facile à trouver, le nombre de parasites est ainsi limité de manière naturelle. Lorsque les hommes rasent une forêt, un grand nombre de ces parasites sont automatiquement condamnés à mort; mais si par hasard un des parasites peut s'adapter à manger la plante semée à la place de l'ancienne forêt, il va trouver une énorme quantité de nourriture, il va se reproduire à grande vitesse et causer des grands dommages aux récoltes.

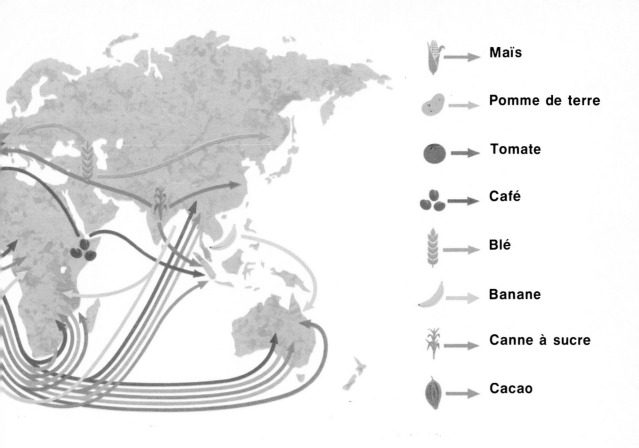

Maïs

Pomme de terre

Tomate

Café

Blé

Banane

Canne à sucre

Cacao

Lorsque les hommes transportent des plantes vivrières de par le monde, ils les véhiculent sous forme de semences, qu'ils mettent dans des sacs ou des tonneaux. Mais il y a, parmi ces semences, des graines d'autres plantes — des mauvaises herbes — et des œufs d'animaux, qui font le voyage en passagers clandestins.

Or, il arrive parfois que les mauvaises herbes soient plus fécondes, dans leur nouveau biotope, que la plante vivrière. En effet, dans leur biotope d'origine, il y a des animaux qui les mangent et qui contribuent ainsi à maintenir leur population à un niveau relativement bas. Dans le nouveau biotope, ces animaux peuvent manquer, et dès lors il n'y a plus aucun contrôle naturel des mauvaises herbes, qui deviennent alors très nombreuses et très gênantes.

Le même phénomène peut se produire pour les animaux qui sont importés dans le même pays; leur population peut croître à un point tel, qu'elle peut mettre en danger les plantes locales. En Australie, il n'y a pas de carnivores, à part les chiens dingos. Quelques lapins domestiques évadés donnèrent naissance, grâce à l'absence de carnivores, à des millions de lapins, qui mangeaient l'herbe destinée aux moutons. Il a fallu propager parmi eux une maladie mortelle, la myxomatose, qui s'est étendue en quelques années au monde entier.

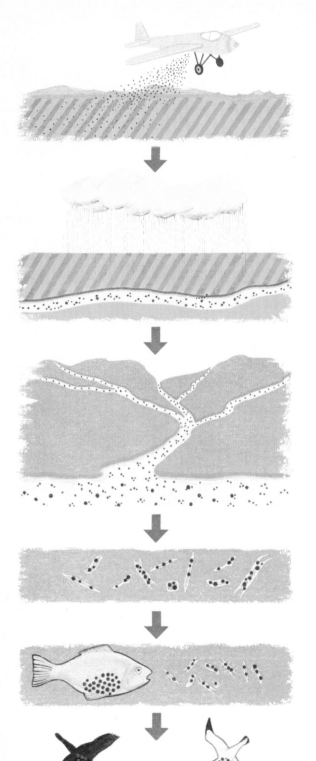

PROTECTION MORTELLE

La lutte que les hommes mènent contre les parasites qui dévastent leurs récoltes peut conduire à des catastrophes. Les parasites animaux sont surtout des insectes, dont on peut se débarrasser avec un *insecticide*, tel le DDT. Les parasites végétaux sont principalement des moisissures et des champignons, qu'on détruit au moyen de *fongicides*. Les insecticides et les fongicides sont des produits chimiques qu'on groupe souvent sous le nom de *pesticides*.

Les pesticides n'affectent pas uniquement les parasites sur lesquels ils sont censés agir. On disperse les pesticides sur les champs, soit par hélicoptère, soit par avion. Il peut arriver qu'on en dissémine une trop grande quantité. Le surplus sera emporté par la pluie vers les cours d'eau et de là vers la mer.

Les pesticides sont absorbés par des petits organismes microscopiques qui vivent dans l'eau, le *plancton*. Ce dernier sert de nourriture aux poissons, qui accumulent ces produits dangereux. Les poissons sont mangés par des oiseaux des mers : les hommes de science ont examiné les corps des oiseaux morts, et ils y ont trouvé une grande quantité de pesticide.

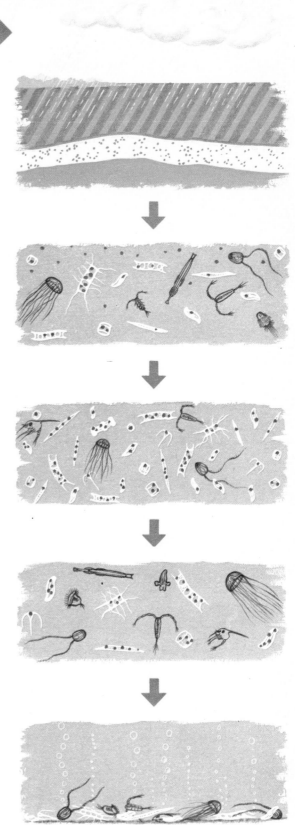

Mais les hommes mangent également ment du poisson; des analyses ont montré qu'il pouvait y avoir une telle dose de pesticide dans certains poissons, que les humains n'auraient pas pu les manger.

L'usage des engrais chimiques peut aussi affecter les écosystèmes. La quantité d'engrais utilisée doit être mesurée avec soin. Si on en met trop sur le sol, l'excédent est emporté par la pluie vers les cours d'eau. L'engrais est consommé par les petits végétaux aquatiques du plancton, ce qui favorise leur croissance et leur multiplication.

Les animaux aquatiques qui se nourrisent de plancton végétal ont alors de la nourriture en abondance, et ils s'accroissent également. Le nombre de ces animaux devient tellement grand qu'ils épuisent tout l'oxygène dissout dans l'eau. Les cours d'eau peu rapides et les mares sont asphyxiés : c'est l'*eutrophisation,* qui est catastrophique, parce que tout meurt dans cette eau.

Les détergents sont également impliqués dans ce triste phénomène. Ils contiennent en effet des phosphates, indispensables à la croissance des végétaux. Nous devrions donc, soit utiliser des détergents sans phosphates, soit en réduire fortement le gaspillage dans les ménages et l'industrie.

LES EMBALLAGES

Les plantes et les animaux que les hommes mangent ne sont pas les seuls êtres vivants concernés par les besoins de nourriture. Aujourd'hui, les aliments sont stockés durant un temps considérable, et on les fait voyager sur des longues distances, il faut alors les protéger efficacement.

Une des protections les plus courantes de la nourriture est le papier. Quasiment tous les emballages qui figurent sur cette page sont en papier, et il y en a encore bien d'autres que ceux-ci. L'emballage est devenu un des secteurs très importants des industries de l'alimentation.

Dans le passé, lorsqu'on vendait les aliments dans des petits magasins, les bouchers, les boulangers et les épiciers avaient l'habitude d'emballer leurs marchandises dans du papier brun. Les aliments humides, comme certains fromages, la viande et la charcuterie, étaient d'abord enveloppés dans un papier imperméabilisé, puis dans un sachet en papier ordinaire. En ce temps-là, on pesait la quantité exacte désirée par le client, qu'il se soit agi de fromage, de biscuits ou de pommes. Toutes ces marchandises arrivaient au magasin dans des caisses ou des tonneaux en bois, ou dans des boîtes métalliques.

Aujourd'hui, le personnel des supermarchés ne pourrait plus peser la marchandise pendant que le client attend, cela prendrait trop de temps et le gérant du supermarché devrait engager du personnel supplémentaire. Dès lors, on procède au préemballage de la nourriture à l'usine ou au dépôt central. Elle arrive prête à vendre, enfermée dans une enveloppe étanche qui la

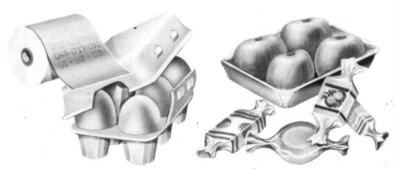

met à l'abri des décomposeurs pendant un certain temps.

A mesure que les supermarchés se multipliaient, il fallait plus de papier d'emballage. Le papier est tiré du bois des arbres. Les dessins sur cette page montrent quelques étapes de sa fabrication. Les arbres abattus sont ébranchés, et les troncs sont transportés par flottage vers une usine à papier. Là, on enlève l'écorce, et le tronc d'arbre est découpé et broyé en très petits fragments. Ces derniers sont plongés dans un bain d'eau, et on les soumet à des traitements chimiques qui donnent une pâte. Puis, la pâte est écrasée entre deux cylindres chauffants, qui donnent l'épaisseur au papier et sèchent la pâte, ou encore on la comprime à chaud dans des moules pour en faire des cartons à fruits ou à œufs.

On abat de plus en plus d'arbres pour satisfaire la demande en papier. La plupart des gouvernements savent qu'il faut replanter des jeunes arbres pour remplacer ceux qu'on a abattus. Cependant, en Scandinavie, il faut 60 ans pour qu'un jeune sapin, et plus longtemps encore pour qu'un bouleau atteigne la bonne taille. Il faut donc faire des prévisions à longue échéance lorsqu'on exploite des arbres, sinon il ne restera bientôt plus de forêts.

Le papier pose de nombreux problèmes aux écologistes. La production mondiale atteint 160 millions de tonnes par an, c'est-à-dire que plus de 120 millions de stères de bois sont abattus chaque année. Mais la papeterie est également une des industries les plus polluantes qui existent, parce que les produits chimiques qui interviennent dans la préparation de la pâte sont rejetés dans les cours d'eau, et toute vie y meurt.

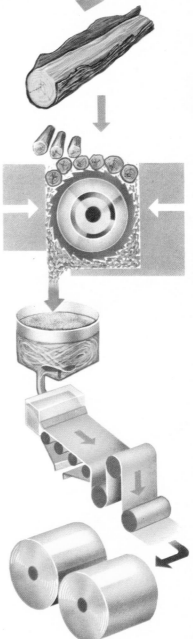

Heureusement, le papier est recyclable, et dans certaines villes, les éboueurs le récupèrent lors de tournées spéciales.

S'il faut conserver les aliments pendant un temps assez long, le papier seul n'offre pas une protection suffisante. Il faut alors l'enduire de paraffine, un dérivé du pétrole absolument imperméable à l'eau, ou alors il faut le plastifier, c'est-à-dire le coller à chaud sur une mince pellicule de matière plastique.

Mais les boîtes métalliques offrent une protection meilleure encore contre l'humidité, contre les décomposeurs, et contre les animaux qui, tels les rats et les souris, visitent parfois nos réserves.

La plupart des boîtes sont faites en fer-blanc, une tôle d'acier recouverte d'une mince couche d'étain qui l'empêche de rouiller ou d'abîmer le contenu. Lorsque la boîte est ouverte, la pellicule d'étain est entamée et l'acier commence à rouiller. Une telle boîte, jetée après usage, va rouiller complètement à la longue, et cette rouille, un composé de fer, va pénétrer dans le sol et disparaître à nos yeux.

Mais on a depuis peu commencé à vendre des boissons dans des boîtes en aluminium. Celles-ci ne rouillent pas, et il se pose à leur sujet un grave problème d'élimination d'ordures.

Les métaux indispensables à la fabrication des boîtes doivent être extraits du sol. Le dessin de la page 50 vous montre une mine à ciel ouvert de cassitérite — le minerai d'étain — en Afrique. La cassitérite est détachée de la paroi par un canon à eau, qui envoie sur la falaise un puissant jet d'eau sous très forte pression. La boue qui en résulte est pompée et filtrée pour en retirer le minerai d'étain. On peut aussi récolter la cassitérite grâce aux godets de la drague qu'on voit au premier plan. Le paysage est abîmé par ces grandes fosses, qui resteront visibles pendant des centaines d'années.

Sur cette page, nous vous montrons quelques emballages métalliques. Le métal ne sert pas uniquement à emballer les aliments, on peut aussi en faire des casseroles et divers ustensiles de cuisine.

La découverte des emballages métalliques a été très utile. Elle permet d'envoyer de la nourriture dans les parties du monde où rien ne pousse, comme dans les déserts ou dans les régions polaires. Grâce à eux, on peut aussi envoyer immédiatement des secours aux sinistrés ou aux victimes des famines.

Mais cette invention signifie également que les hommes doivent découvrir le minerai métallique et qu'il faut l'extraire du sol. Comme la demande en nourriture conservée s'accroît, la demande en métaux grandit, et plus de mines doivent entrer en exploitation.

Ici aussi, un certain recyclage est organisé. Nous mettons à la poubelle 500 kg de métal par habitant et par an, dont une bonne partie de fer. Les ordures ménagères passent devant une courroie magnétique, qui attire les objets en fer, comme les boîtes à conserve, et permet ainsi la récupération de ce métal.

Depuis quelques années, on emballe la nourriture dans des matières plastiques. Les illustrations de cette page en montrent quelques exemples. On s'en sert aussi pour emballer les produits d'entretien et pour en faire divers récipients.

Les matières plastiques sont légères et imperméables, elles possèdent donc des qualités nécessaires à l'emballage des aliments. On ne peut pas les chauffer, sinon elles fondent, mais on peut les refroidir, ce qui permet de les utiliser dans les réfrigérateurs et les surgélateurs. Beaucoup d'ustensiles ménagers, comme les cuvettes à vaisselle et les poubelles, sont également fabriquées en matières plastiques, qui se lavent aisément.

Malheureusement, une grande partie de ces matières plastiques provient du pétrole. Le pétrole est un des combustibles fossiles du monde : il est constitué par les vestiges des petites plantes et des petits animaux qui vivaient dans les mers il y a des millions d'années. L'homme ne peut pas le fabriquer lui-même, et la quantité de pétrole exploitable sur notre planète est limitée. Lorsque les restrictions des livraisons de ce précieux liquide ont commencé en 1973, il s'est instauré automatiquement une diminution de la quantité de matières plastiques disponibles, parce que les raffineries traitaient le pétrole brut de manière telle qu'il fournissait surtout des carburants.

Ces carburants jouent un rôle capital dans la production d'aliments. Dans les pays les plus riches du monde, les carburants servent à produire le plus possible de nourriture au moindre prix possible. Les fermiers, dans

ces pays, possèdent des fermes au rendement élevé, et beaucoup de grandes plantes y poussent sur une petite surface de terre. Ces plantes poussent bien, parce qu'elles sont scientifiquement soignées par un fermier qui a suivi des cours d'agronomie, et qu'il possède des machines qui labourent, sèment, plantent, arrosent et pulvérisent des pesticides. Les récoltes sont également faites à la machine. Mais cette mécanisation exige des carburants.

Lorsque la récolte a été faite, elle est emportée par camion vers l'usine de lavage et d'emballage. Un autre camion l'amène alors vers le point de vente, ou elle est transportée par mer, par fer ou par la route vers l'étranger. Tous ces moyens de transport fonctionnent avec

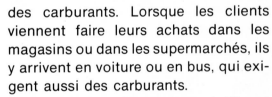

des carburants. Lorsque les clients viennent faire leurs achats dans les magasins ou dans les supermarchés, ils y arrivent en voiture ou en bus, qui exigent aussi des carburants.

Les pays les plus pauvres n'utilisent pas beaucoup de carburants, surtout depuis qu'ils sont devenus plus chers; de plus, ils ne peuvent pas s'offrir les machines agricoles qu'on utilise dans les pays riches, parce qu'elles coûtent fort cher. Tout ceci les empêche souvent de produire toute la nourriture dont il leur faudrait disposer: ils doivent dès lors en importer à grands frais.

Les dessins de cette page vous montrent comment les carburants, tirés du pétrole qu'on extrait sur la terre ferme ou sur des plates-formes de forage en mer, servent à la production, au transport en gros et au transport de la nourriture vers notre domicile.

DE LA TABLE
A LA POUBELLE

Nous ne mangeons pas toute la nourriture que nous préparons : nous laissons des petits déchets sur l'assiette du dîner, nous laissons des croûtes de fromage, des bouts de jambon ou de salami, des têtes de poissons, des croûtes de pain moisi. Cette nourriture est perdue pour nous. Parfois, on la récupère pour la donner aux oiseaux du jardin, mais d'habitude on met tout cela à la poubelle.

Nous sommes assez nombreux à mettre des petits déchets à la disposition des oiseaux, et cette action a des conséquences importantes : de nombreux oiseaux vivent maintenant toute l'année dans nos villes, ils ne nous quittent plus en hiver, leurs migrations cessent.

La nourriture mise à la poubelle est utilisée par d'autres animaux : les chats, les chiens et parfois aussi les renards y découvrent des victuailles. Les renards ont appris à fouiller dans les ordures ménagères et c'est grâce à cela qu'ils survivent dans des pays très peuplés, à proximité immédiate des villes.

Si les restes de nourriture ne sont pas retirés de la poubelle par ces animaux, ils sont emportés par les éboueurs vers une décharge publique. Et là aussi, un certain nombre d'animaux vivent en récupérant ces ordures : les rats et les souris ont toujours été des grands amateurs de détritus comestibles, mais les mouettes leur font maintenant la concurrence. Depuis quelques années, on les voit de plus en plus nombreuses à proximité des décharges, surtout s'il y a un canal ou un étang à proximité.

Les biologistes étudient les nids des mouettes : ils y ont trouvé des bras de poupées, des ressorts d'acier et d'autres débris provenant des décharges publiques où elles cherchent leur nourriture. Le nombre de mouettes s'accroît sans cesse grâce à cette nouvelle adaptation : jusqu'à présent, on les voyait nettoyer nos ports de mer de tous les détritus comestibles, mais maintenant on les voit s'enfoncer de plus en plus profondément à l'intérieur du pays, en quête des déchets alimentaires abondants près des grandes villes.

Tous ces animaux jouent donc un rôle important dans les écosystèmes : ce sont des éboueurs naturels.

La nourriture que nous abandonnons ne pose aucun problème de pollution : si elle n'est pas mangée par les chats, les chiens, les renards, les rats, les souris et les mouettes, elle sera attaquée par les moisissures et par des bactéries, et elle disparaîtra. La nourriture est *biodégradable,* elle est détruite par les décomposeurs et ses composants chimiques retournent ainsi dans les grands cycles naturels de la planète.

Les boîtes en carton et en fer, le bois, le carton et le papier sont également biodégradables. Il faut parfois attendre longtemps leur décomposition, mais leur disparition est certaine. Mais certains emballages ne sont pas biodégradables : les plastiques et les boîtes en aluminium ne disparaissent pas lorsque nous les jetons. Les décomposeurs ne peuvent pas s'attaquer à ces matières et elles s'accumulent sur nos décharges publiques. A moins que les hommes ne les détruisent, ou qu'ils ne trouvent un moyen de les recycler, les pots de crème glacée, les sacs et les bouteilles en plastique, les boîtes de bière et de limonade en aluminium resteront définitivement sur place.

Jusqu'à présent, les emballages en matière plastique représentent à peu près 5 % du poids total de nos détritus, mais comme ils sont très légers et toujours creux, ils occupent un volume tel qu'ils commencent à poser des problèmes sérieux.

Les pêcheurs ramènent maintenant des boîtes en plastique et des sacs à engrais chimiques, qui s'accrochent aux filets qu'ils traînent sur le fond de la mer: même les profondeurs marines sont sales aujourd'hui. Comme les emballages en plastique deviennent de plus en plus fréquents, cette dégradation va en s'amplifiant, et il devient urgent de trouver un moyen d'empêcher ces ordures d'arriver sur nos plages et de salir des endroits pittoresques.

Le pétrole, qui nous fournit les carburants utilisés dans la production et le transport des aliments, ainsi que les matières plastiques qui servent à leur emballage, donne également des déchets indésirables. Les pétroliers, les plus grands navires du monde, doivent nettoyer leurs immenses citernes entre deux livraisons de pétrole, et il leur arrive de procéder à cette opération en pleine mer. On lave les citernes à grands jets d'eau, et le pétrole brut qui restait dans les cuves est rejeté à la mer.

Ce pétrole est noir, gras et gluant, et il flotte sur l'eau. Le vent le pousse vers les plages, qu'il pollue en tuant toute vie. Le pingouin de notre illustration sera condamné à mort, si on ne vient pas le débarrasser de la couche de pétrole qui le recouvre.

Si, à la suite d'une collision ou d'une tempête, un pétrolier laisse échapper son chargement ou s'il se produit une fuite à bord d'une plateforme de forage, c'est la marée noire qui envahit les plages. Que ce soit à cause des débris de matières plastiques, ou du pétrole, les rivages marins pourraient rapidement devenir des endroits désagréables à visiter si nous n'y prenons garde.

LA NOURRITURE DE DEMAIN

Nous avons vu que l'accroissement de la population humaine a trouvé son origine dans une augmentation des productions agricoles : les hommes ont pu produire assez de nourriture pour nourrir plus de gens. A mesure que l'agriculture devenait plus scientifique, elle produisait plus d'aliments et le nombre des humains croissait.

Jusqu'aux environs de 1900, cette croissance fut assez lente. L'illustration de cette page montre ce qu'était la population mondiale en 1500, et comment elle a augmenté. On voit que, entre 1900 et 1950, elle a pratiquement doublé : il a suffi de 50 ans pour y arriver. Vers 1970, elle avait à nouveau doublé. Les hommes de science pensent qu'en l'an 2000, elle aura plus que doublé. Le temps nécessaire au doublement de la population raccourcit sans cesse.

Jusqu'en 1900, les hommes pouvaient produire assez de nourriture pour nourrir toutes les bouches, mais à mesure que le XXe siècle avançait, il devint de plus en plus difficile de soutenir le rythme de la production d'aliments. Aujourd'hui, de nombreux pays du monde sont menacés par la famine, et avant l'an 2000, nous devrons trouver d'autres moyens pour nourrir les 7 ou 8 milliards d'habitants que la planète comptera probablement.

Les chercheurs ont proposé plusieurs solutions. Nous pourrions être amenés à domestiquer les antilopes africaines, telles que l'élan, et nous serions amenés à les rassembler en troupeaux, comme nous le faisons avec le bétail de nos fermes.

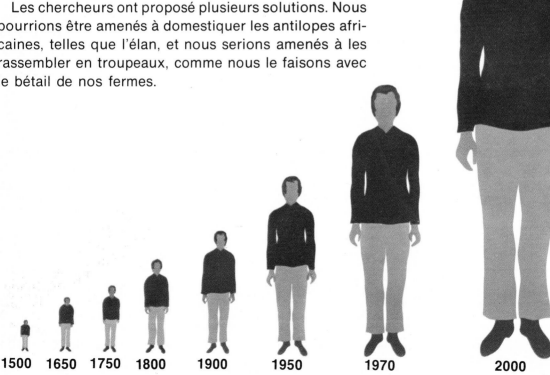

1500 1650 1750 1800 1900 1950 1970 2000

Il pourrait devenir nécessaire d'élever des cabiais, qui ressemblent aux cobayes, mais qui atteignent un poids de 70 kg : ils se nourrisent de plantes aquatiques, et les Indiens d'Amérique du Sud apprécient leur chair.

On cultive le soja, qui pousse comme les haricots auxquels il ressemble, et dont on retire une huile qui sert à la cuisson des aliments, ainsi qu'une farine très riche en protides utilisée dans l'engraissement du bétail. Nous en consommons déjà, mélangée à de la viande, dans toutes sortes de saucisses et de viandes hachées. On commence aussi à cultiver des micro-organismes sur des résidus de pétrole, et on en tire également une farine contenant beaucoup de protides, qu'on destine au bétail.

Certaines levures, comme la torula, peuvent pousser très rapidement en donnant, après chauffage, des concentrés de protéines que nous consommons sous forme de bouillons, dits « de viande ».

La famine menace sans cesse plus ouvertement le monde actuel : chaque jour, 12.000 personnes meurent de faim sur la Terre. Les chercheurs sont parfaitement conscients de cette menace et ils déploient une activité croissante dans ce domaine, parce que cette recherche de nouvelles nourritures est *obligatoire* : il *faut* que nous trouvions rapidement des aliments que nous puissions produire efficacement. Nous ne pouvons plus nous contenter du rendement de 0,05 % réalisé par la nature. Il y aura probablement autant de différence entre la nourriture de l'an 2000 et celle d'aujourd'hui, qu'il y en a avec celle qu'on mangeait en 1500.

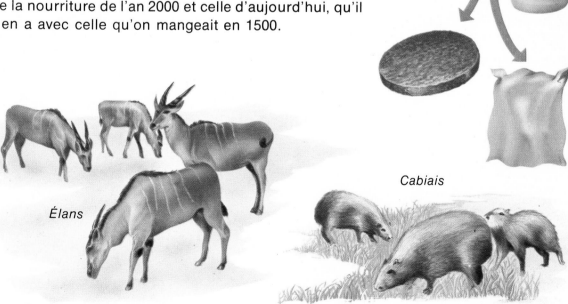

Soja

Cabiais

Élans

PROJETS

Il est très intéressant de voir d'où provient notre nourriture. Le panier à provisions peut servir de point de départ à cette étude. Lorsqu'on rapporte les provisions à la maison, examinez-les avant de les ranger. Il vous faudra un carnet de notes et un crayon.

Si vous regardez convenablement les étiquettes des boîtes, des bocaux ou des bouteilles, vous verrez certainement inscrit quelque part le pays d'origine. Faites une liste de ces différents pays et notez les aliments qui en proviennent. Est-ce que tous les fruits proviennent du même pays? Viennent-ils de 3 ou 4 pays? D'où vient le jambon? D'où vient le beurre? Vous constaterez rapidement que les pays se spécialisent dans la production d'aliments.

Si vous avez l'occasion de faire un tour dans un supermarché, vous pourrez ajouter de nombreux pays à votre liste. Ne renversez pas les boîtes! Demandez l'autorisation au gérant du supermarché, en lui expliquant ce que vous avez l'intention de faire.

Lorsque vous aurez une longue liste de pays et de marchandises qui en viennent, vous pourrez indiquer sur une carte d'où elles sont venues. Décalquez la carte des pages 44 et 45. Repérez le pays d'origine d'un aliment sur la carte, et tracez son voyage vers votre pays.

Vous pourrez aussi voir quels sont les aliments qui sont produits dans votre pays. Y a-t-il plus d'aliments qui proviennent de votre pays que de l'étranger?

En faisant votre tour dans le supermarché, vous verrez aussi de quelles manières on conserve les aliments. Une partie est mise en boîte, une partie est surgelée, une autre est fraîche. Quels autres moyens de conservation trouvez-vous?

Comment garde-t-on les aliments propres? Quel genre de nourriture emballe-t-on dans du papier? Quel genre de nourriture est emballée dans une matière plastique et quel genre dans des boîtes métalliques? Pouvez-vous dire d'où ces aliments viennent? Y a-t-il un rapport entre le mode d'emballage, le genre d'aliment contenu et le pays d'origine? S'il y a un rapport, pourquoi?

Ces enquêtes vous montreront la distance parcourue par la nourriture avant d'arriver sur votre table tous les jours.

Essayez également de peser la quantité de nourriture qui arrive chez vous en un mois par exemple, et de peser également la quantité de déchets qu'elle fournit: cette enquête vous donnera une idée du pourcentage de rejets que fournit une quantité donnée d'aliments et son emballage.

INDEX